Découvrez l'histoire par les archives de presse

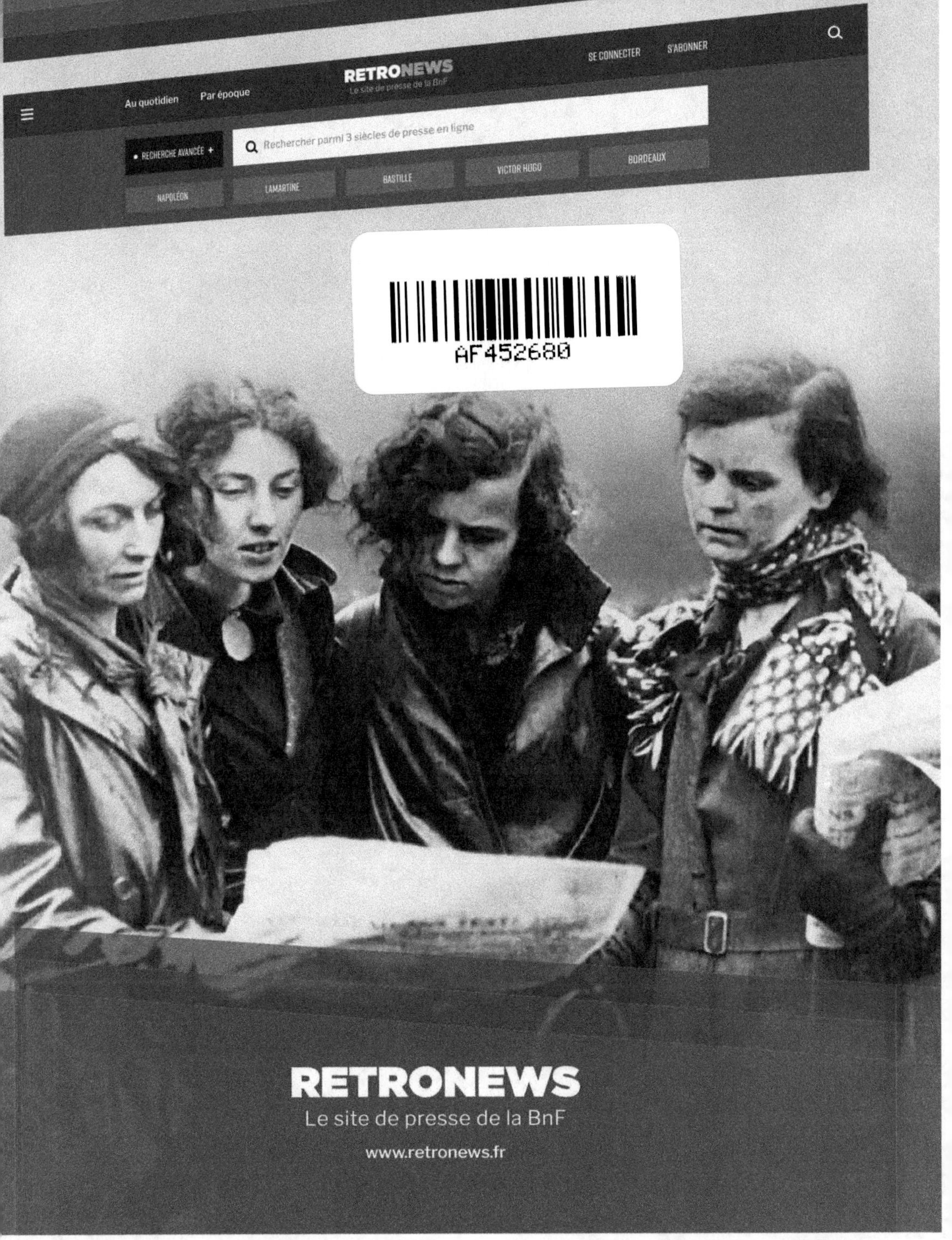

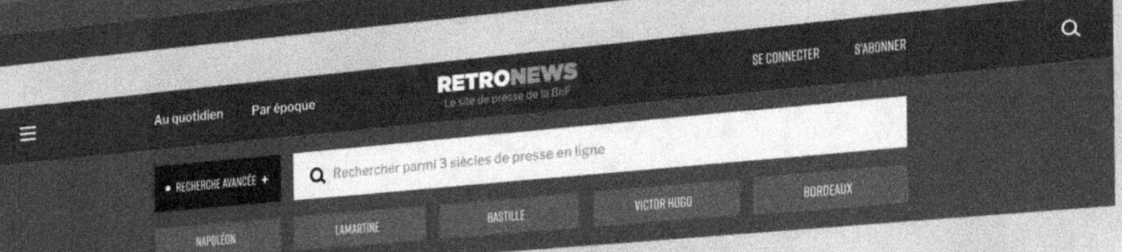

RETRONEWS
Le site de presse de la BnF
www.retronews.fr

L'ANNUAIRE PARISIEN

DE LA BANQUE

ET

DE LA BOURSE

Prix : 1 fr.

PAPETERIE

ALFRED ALEXANDRE

22, rue Le Peletier, Paris.

JANVIER 1886

DÉPOSÉ

TABLE

L'ANNUAIRE PARISIEN

DE LA BANQUE & DE LA BOURSE

L'ANNUAIRE PARISIEN

DE LA BANQUE

ET

DE LA BOURSE

Prix : 1 fr.

PAPETERIE

ALFRED ALEXANDRE

22, rue Le Peletier, Paris.

JANVIER 1886

DÉPOSÉ

AGENTS DE CHANGE

Aubry (Paul-François), rue Drouot, 4.

Bacot (Arthur), rue Lafayette, 13; *Adjoint au Syndic*.

Beauvisage (Louis-Félix), rue de Choiseul, 25; *Adjoint au Syndic*.

Béjot (Henri-Jules), rue de Richelieu, 89.

Berteaux (Henry-Maurice),rue du Quatre-Septembre, 2.

Blin (Alexandre-Auguste), rue Taitbout, 5.

Boyer (Anthelme-Benoit), rue de Grammont, 17.

Burat (Henri-Alphonse), rue de Châteaudun, 17.

Cazet (Alphonse-Jean), rue Halévy, 4.

Chabert (Pierre-Ange-Charles), rue des Moulins, 2.

Couret-Pléville (Georges), boulevard Haussmann, 28.

Couturier (Hilarion-Blaise-Marie-Henri), rue de la Michodière, 8.

Crépey (Léon-Ernest), rue du Quatre-Septembre, 19.

Dollfus (Edmond), rue Favart, 6.

Dreux (Ernest), rue du Quatre-Septembre, 10.

Dutilleul (Charles-Eugène), rue du Helder, 3.

Duverger (Léon), avenue de l'Opéra, 27.

Évrard (Joseph-Jules), rue d'Uzès, 8.

Faure (Antoine-Xavier), boulevard Poissonnière, 23.

Fessart (Émile-Auguste), rue du Quatre-Septembre, 3.

Gadala (Théodore-Antoine-Charles), boulevard Poissonnière, 21.

Galichon (Léon-Paul), rue Laffitte, 1.

Gautier (Louis-François-Xavier-Alfred), rue de Provence, 60.

Giraudeau (Léon-Jean), rue Laffitte, 36.

Halinbourg (Frédéric-Édouard-Marie), rue de Grammont, 11.

Hart (Auguste-Fernando), rue Le Peletier, 24; *Syndic*.

Hébert (Philippe), rue Notre-Dame-des-Victoires, 14.

Herbault (Étienne-Nemours), rue Gaillon, 5; *Adjoint au Syndic*.

Hayaux du Tilly (Louis-Paul-Henry), rue de Richelieu, 83.

Jacob (Paul-Arthur), rue Drouot, 20.

Jeanin (Auguste-André-Napoléon), rue de Richelieu, 102.

Kindberg, rue Le Peletier, 29.

Laurent (Charles-Abel), rue du Quatre-Septembre, 9; *Doyen*.

Lecerf (Jules), rue Taitbout, 13.

Lecomte (Louis-Eugène), rue Laffitte, 12.

Ledoux (Charles-Louis), rue de Louvois, 10.

Lepel-Cointet (Marc-Georges-Aimé), rue Vivienne, 22.

Le Roy (Paul-Louis-Charles), ✳, rue des Moulins, 5.

Levot (Léon-Léopold), rue Saint-Marc, 36; *Adjoint au Syndic*.

Liévin (Auguste-Edmond), rue Saint-Augustin, 10.

Millet (Louis-Marie-Augustin), ✳, rue de Provence, 21.

Millon d'Ailly de Verneuil (Maurice-Louis-Alfred), rue

Montmartre, 129, et rue Notre-Dame-des-Victoires, 46.

Moulusson (Gustave-Antoine-Désiré), rue Chauchat, 10.

Moyse (Anselme-Gustave), rue de la Banque, 17.

Nathan (Émile), rue du Quatre-Septembre, 11.

Perdrigeon (Jules-Marie-Charles), ✳, rue Montmartre, 178.

Pouquet (Eugène), rue de la Banque, 24.

Raveneau (Quentin-Prosper-Joseph), rue Lafayette, 14.

Reumont (Émile-Alphonse), rue Drouot, 21.

Roblot (Richard-Louis-Marie), rue Laffitte, 44.

Rochet (Alfred-Louis-Théodose), rue Laffitte, 8.

Roland-Gosselin (Alexandre-Eugène), rue de Richelieu, 62.

Roussel (Eugène), avenue de l'Opéra, 30.

Saint-Vel (Louis-Marie-Elphège), boulevard des Italiens, 1 *bis*.

Tavernier (Alexandre-François-Hector), rue Drouot, 7.

Tête (Henri-Félix), rue Saint-Anne, 46.

Tourreil (Léopold-Édouard), rue de Provence, 48 ; *Adjoint au Syndic*.

Trencart (Paul-Émile), rue Chauchat, 5.

Veyrac (Charles-Marie), rue de Choiseul, 3.

Vuafflart (Léon-Edme), rue Saint-Augustin, 31 ; *Adjoint au Syndic*.

BANQUES

Banque de France, rue de La Vrillière, 1 et 3.
 Bureaux auxiliaires de recettes dans Paris.
Bureau A, avenue Carnot, 17 (17ᵉ arrond.).
Bureau B, rue Violet, 61 (15ᵉ arrond.).
Bureau C, rue de la Glacière, 26 (13ᵉ arrond.).
Bureau D, rue de Lyon, 24-26 (12ᵉ arrond.).
Bureau E, rue des Pyrénées, 340 (20ᵉ arrond.).
Bureau F, rue Doudeauville, 35 *ter* (17ᵉ arrond.).
Bureau G, rue Jacquemont, 11 (17ᵉ arrond.)
Bureau H, rue du Ranelagh, 82 (16ᵉ arrond.).
Caisses d'Amortissement et des Dépôts et Consignations, rue de Lille, 56.
Caisse d'Épargne et de Prévoyance de Paris, rue Coq-Héron, 9.
Comptoir d'Escompte de Paris, rue Bergère, 14.
Crédit Foncier de France, rue des Capucines, 19.
Crédit Foncier et Agricole d'Algérie, pl. Vendôme, 8.
Compagnie Foncière de France, rue St-Honoré, 366.
Société des Immeubles de France, rue Marsollier, 9.
Banque de Constantinople, rue Lafayette, 13.
Banque d'Escompte de Paris, siège social : place Ventadour.
Banque Franco-Égyptienne, boul. Haussmann, 32.
Banque Impériale Ottomane, rue Meyerbeer, 7.

Banque Métropolitaine, place des Victoires, 10.

Banque de Paris et des Pays-Bas, rue d'Antin, 3.

Banque Parisienne, rue Chauchat, 5 et 7, et rue
Le Peletier, 12.

Banque Russe et Française, rue Auber, 4.

Banque Territoriale de France, rue Laffitte, 9.

Banque Transatlantique, boulevard Haussmann, 25.

Caisse Centrale Populaire, avenue de l'Opéra, 28.

Caisse générale de Crédit à l'Épargne, rue Saint-
Lazare, 65.

Caisse Générale d'Épargne et de Crédit, rue et place
Lafayette, 116 et 118.

Caisse Générale des Obligataires, ancienne Caisse Générale de Crédit à l'Épargne, rue Saint-Lazare, 65.

Compagnie Algérienne, rue des Capucines, 11.

Comptoir Général de l'Alimentation, rue Étienne-
Marcel, 10.

Crédit Algérien, place Vendôme, 15.

Crédit Foncier Colonial, rue Bergère, 28.

Crédit Lyonnais, boulevard des Italiens, 19.

AGENCES DANS PARIS.

Rue Vivienne, 31.

Rue Turbigo, 3.

Rue de Rivoli, 43.

Rue de Rambuteau, 15.

Faubourg Saint-Antoine, 63.

Boulevard Voltaire, 43.
Rue du Temple, 201.
Boulevard Saint-Denis, 10.
Rue d'Allemagne, 194.
Boulevard Magenta, 81.
Avenue de Clichy, 1.
Boulevard Haussmann, 72.
Faubourg Saint-Honoré, 82.
Boulevard Saint-Germain, 1.
Boulevard Saint-Michel, 25.
Rue de Rennes, 66.
Boulevard Saint-Germain, 205.
Rue de Flandre, 30.
Place de Passy, 2.
Avenue des Ternes, 39.
Intérieur des abattoirs. (Porte de Flandre.)
Entrepôt de Bercy. (Porte Gallois.)
Crédit Mobilier, place Vendôme, 15.
Hong Kong and Shangaï Banking Corporation au **Crédit Lyonnais,** boulevard des Italiens.
Rente Foncière, rue Le Peletier, 12.
La Réunion Mobilière et Immobilière, rue de Châteaudun, 2.
Société de Dépôts et de Comptes Courants, place de l'Opéra, 2.
Société Générale, siège social, r. de Provence, 54-56.

BUREAUX DE QUARTIER DANS PARIS.

A. Rue Notre-Dame-des-Victoires, 48 (place de la Bourse).
B. Boulevard Malesherbes, 29.
C. Rue Turbigo, 38.
D. Rue du Bac, 13.
E. Rue Saint-Honoré, 221, et rue d'Alger, 13.
F. Rue du Temple, 41.
G. Boulevard Saint-Germain, 96.
H. Boulevard Voltaire, 21.
I. Boulevard Saint-Germain, 13 (Entrepôt général des vins).
J. Rue du Pont-Neuf, 24 (Halles centrales).
K. Rue de Passy, 56.
L. Rue de Clichy, 72.
M. Boulevard Magenta, 57.
N. Rue du Faubourg-Saint-Honoré, 91.
O. Rue Saint-Antoine, 236 (Bastille).
P. Place de l'Opéra, 4.
R. Rue Étienne-Marcel, 30 (Halles centrales).
S. Rue du Faubourg-Poissonnière, 11.
T. Rue du Faubourg-Montmartre, 39.
U. Carrefour de la Croix-Rouge, 1.
V. Boulevard Sébastopol, 114.
W. Rue de Flandre, 105 (La Villette).

X. Rue d'Aboukir, 9.

Y. Rue des Archives, 15 *bis* (Marais).

Z. Rue Vivienne, 27 (place de la Bourse).

A B. Carrefour de Buci, 2.

A C. Rue Lecourbe, 93 (Vaugirard-Grenelle).

A D. Avenue des Ternes, 59.

A E. Avenue d'Orléans, 7 (Montrouge).

A F. Boulevard des Filles-du-Calvaire, 2.

A G. Rue d'Allemagne, 196; annexe : Porte de Flandre (Abattoirs).

A H. Rue du Faubourg-Saint-Antoine, 48.

A I. Rue Lafayette, 94.

A J. Avenue des Champs-Élysées, 91.

A L. Rue de Mirbel, 4 (Halle aux Cuirs).

A M. Boulevard Haussmann, 113.

A N. Rue de Rivoli, 62 (Hôtel de Ville).

A O. Rue Donizetti, 4 (Auteuil).

Société générale, succursale A F. Rue Saint-Sébastien, 1, et boulevard des Filles-du-Calvaire, 2.

Société Mobilière de Paris, rue Vivienne, 45.

Société Mobilière de Crédit, 1-3, place de la Bourse, et 19, rue Notre-Dame-des-Victoires.

Société Générale de Crédit Industriel et Commercial, rue de la Chaussée-d'Antin, 66 et rue de la Victoire, 72.

Bureau succursale de change et de fonds publics, boul. Montmartre, 21, et rue Richelieu, 112.

Caisses Succursales :

A. Rue du Temple, 174.

B. Rue d'Aboukir, 3.

C. Boulevard Sébastopol, 111, et rue du Caire, 7.

D. Boulevard Saint-Germain, 207.

E. Place de la Madeleine, 22.

F. Rue de Rennes, 85.

H. Boulevard Malesherbes, 60.

Société Générale de Crédit Mobilier Espagnol, rue de la Victoire, 69.

Société Marseillaise de Crédit Industriel et Commercial et de Dépôts, rue de la Chaussée-d'Antin, 50.

Sous-Comptoir des Entrepreneurs, r. des Capucines, 21.

The London et River Plate Bank Limited, r. Halévy, 16.

Agence Financière des Assurances, rue Richelieu, 93, entrée : rue d'Amboise, 1.

Agence de l'Industrie, (fondée en 1848,) rue d'Hauteville, 82.

Alliance du Crédit et de l'Épargne (l'), r. Lafayette, 58.

Anglo-Egyptian Banking Co, Limited, r. Lafayette, 7.

Banque de l'Agriculture et du Commerce, place de la Bourse, 11.

Banque des Cantons de France, r. Saint-Augustin, 21.

Banque Centrale de la Rive gauche de la Seine, rue de Seine, 74.

Banques Coloniales, rue Blanche, 74.

Banque Commerciale et Industrielle, rue du Quatre-
Septembre, 25.

Banque des Communes de France, rue de la Chaussée-
d'Antin, 15, et boulevard Haussmann, 40.

Banque de Consignations, rue Blanche, 2.

Banque de Crédit (la), rue Drouot, 19.

Banque de Crédit Français, rue de la Banque, 20.

Banque de Crédit, rue Drouot, 19.

Banque d'Échanges de Marchandises, r. Le Peletier, 51,
succursale : Comptoir International d'Alimentation.
rue Lafayette, 44.

Banque de l'Économie Française, r. Hippolyte-Lebas, 1.

Banque de l'Entreprise, rue Richelieu, 92.

Banque de l'Épargne Française, rue Laffitte, 27.

Banque de l'Épargne Publique, rue des Saints-
Pères, 76 *bis*.

Banque des Familles, rue Maubeuge, 73.

Banque des Fonds Publics et des Valeurs Industrielles,
rue du Quatre-Septembre, 16.

Banque Française et Belge, rue Saint-Georges, 30.

Banque Générale du Commerce, rue Vivienne, 35.

Banque Générale de Coupons et d'Émissions, r. Saint-
Marc, 17.

Banque Générale de Crédit, r. de Chateaudun, 57-59.

Banque Générale d'Égypte, avenue de l'Opéra, 18.

Banque Générale de Paris, place de la Bourse, 10.

Banque Générale de Prêts, boul. des Italiens, 35.

Banque Générale des Primes, rue Saint-Marc, 32.

Banque des Halles, rue Montmartre, 13.

Banque I. R. P. des Pays Autrichiens, rue Louis-le-Grand, 7.

Banque de l'Indo-Chine, r. de la Grange-Batelière, 22.

Banque de l'Industrie Française, faubourg Saint-Honoré, 225.

Banque Laffitte, rue Laffitte, 7.

Banque Maritime, rue Bergère, 14.

Banque Métropolitaine, place des Victoires, 10.

Banque Nationale d'Haïti, rue Taitbout, 49.

Banque du Nord, rue de Dunkerque, 23.

Banque de l'Ouest, place du Havre, 14.

Banque populaire de Montparnasse, rue du Port-Mahon, 10.

Banque de Prêts, boulevard Poissonnière, 24.

Banque de Prêts et de Consignations, boulevard du Temple, 2 *bis*.

Banque et Représentation Commerciale, boulevard Voltaire, 78.

Banque de Roumanie, rue Meyerbeer, 7.

Banque spéciale des Valeurs à Lots, rue Milton, 4.

Banque des Valeurs d'Assurance, rue Châteaudun, 2.

Bourse Auxiliaire, rue Vivienne, 24.

Caisse des Batignolles, rue des Batignolles, 54.

Caisse Centrale d'Épargne, rue de la Victoire, 56.

Caisse Centrale de Paris, rue de la Victoire, 85.

Caisse Commerciale de Paris, boul. Poissonnière, 23.

Caisse de l'Économie Financière, rue Cadet, 10.

Caisse d'Épargne des Familles, r. des Deux-Gares, 1, et rue d'Alsace, 29.

Caisse d'Escompte et de Dépôts, rue Drouot, 25.

Caisse Feydeau, passage des Panoramas, 1.

Caisse Financière, passage Saulnier, 7.

Caisse Française de Crédit, rue Laffitte, 27.

Caisse Générale des Coupons, faub. Montmartre, 40.

Caisse Générale de Crédit, rue Grange-Batelière, 8.

Caisse Générale d'Épargne et de Crédit, rue et place Lafayette, 116 et 118.

Caisse Générale des Fonds Publics, boulevard Saint-Denis, 13.

Caisse Générale de l'Industrie et du Bâtiment, rue de Louvois, 12.

Caisse Générale des Obligataires, ancienne Caisse de Crédit à l'Epargne, rue Saint-Lazare, 65.

Caisse Générale de Paris, rue Saint-Fiacre, 20.

Caisse de l'Hôtel de Ville, rue de Rivoli, 15, succursale, rue Turbigo, 42.

Caisse Hypothécaire, boulevard de Strasbourg, 58.

Caisse Immobilière, avenue de l'Opéra, 32.

Caisse Industrielle, Commerciale et Foncière, rue Beaurepaire, 31.

Caisse Lemaire, place Vendôme, 16.

Caisse des Mines, rue Cambon, 26.

Caisse Nationale de l'Épargne, rue Lafayette, 79.

Caisse Populaire du 3ᵉ arrondissement, r. Pastourelle, 4.

Caisse Populaire du 4ᵉ arrondissement, rue Sainte-Croix-de-la-Bretonnerie, 44.

Caisse Populaire du 10ᵉ arrondissement, boulevard de Strasbourg, 22.

Caisse Populaire du 17ᵉ arrondissement, rue des Dames, 15.

Caisse Populaire du 18ᵉ arrondissement, boulevard Barbès, 18.

Caisse Populaire d'Épargne, rue Lafayette, 39.

Caisse des Rentes Nationales, rue Richelieu, 82-84.

Caisse des Reports, rue Richelieu, 59.

Caisse des Travailleurs, rue Richelieu, 15.

Caisse de l'Union du Crédit, rue Montmartre, 146.

Caisse des Valeurs Mobilières, rue Rossini, 3.

Commission des Finances d'Espagne, rue Pigale, 6.

Compagnie Algérienne, rue des Capucines, 9.

Compagnie Auxiliaire de Banque, rue des Petits-Champs, 18.

Comptoir des Ardennes, rue de Trévise, 32.

Comptoir de l'Assurance, rue Lafayette, 101.

Comptoir de la Bourse Parisienne, rue Laffitte, 40.

Comptoir Central de Crédit, r. Mogador prolongée, 4.

Comptoir Central des Fonds Publics, rue de Châteaudun, 17.

Comptoir Commercial, rue d'Enghien, 24.

Comptoir des Entrepôts et Magasins Généraux, Cloître-Saint-Honoré, 13.

Comptoir de Compte courant, rue Taitbout, 47.

Comptoir Financier de Paris et des Départements, rue Grange-Batelière, 17.

Comptoir Foncier et Financier, St-Honoré, 342.

Comptoir Français de l'Épargne, rue Le Peletier, 26.

Comptoir Français de l'Épargne, r. Saint-Lazare, 117.

Comptoir Franco-Mexicain, rue de Dunkerque, 34 *ter*.

Comptoir Franco-Russe, boul. Haussmann, 40 et 42.

Comptoir Général de Crédit et de l'Épargne, rue Lafayette, 91.

Comptoir Général d'Épargne, rue Saint-Denis, 5.

Comptoir Général Français, rue des Martyrs, 32.

Comptoir Mobilier, rue Villedo, 8.

Comptoir Mobilier, rue Mazarine, 82 et 84.

Comptoir National de l'Épargne, rue de Châteaudun, 54.

Comptoir Parisien, rue Cadet, 9.

Comptoir des Placements, rue Fénelon, 13.

Comptoir du Roule, faub. Saint-Honoré, 170 et 172.

Comptoir des Transactions, rue Laffitte, 13.

Comptoir des Valeurs à lots de la Ville de Paris, rue Rochechouart, 15.

Cote Spéciale des Valeurs de Banque, r. St-Marc, 17.

Crédit Agricole, rue Marsollier, 9.

Crédit Agricole Mobilier, rue Saint-Georges, 28.

Crédit Commercial, rue Molière, 5.
Crédit des Écoles, boulevard Saint-Germain, 112.
Crédit d'Épargne, rue de la Victoire, 42.
Crédit des Familles, rue Bergère, 21.
Crédit Foncier Mutuel, place Vendôme, 16.
Crédit Foncier de Tunisie, rue Richelieu, 41.
Crédit des Halles Centrales, rue des Halles, 20.
Crédit Hypothécaire, rue Le Peletier, 9.
Crédit Immobilier, Saint-Honoré, 350.
Crédit Immobilier, rue Le Peletier, 23.
Crédit d'Intérêt National, quai d'Auteuil, 136.
Crédit Mutuel et Populaire, rue des Lombards, 35.
Crédit National, quai d'Auteuil, 136.
Crédit Populaire, rue Taitbout, 58.
Docks Commerciaux et Agricoles, rue du Château-
   d'eau, 27.
Économie Industrielle et Financière, r. Lafayette, 62.
Épargne Publique (de l'), r. des Saints-Pères, 76 *bis*.
Mercantile (la), rue Cadet, 1.
Office de l'Industrie, rue Feydeau, 26.
Paris-Comptoir, boulevard Saint-Denis, 2.
Participation Financière (la), rue Richelieu, 67.
Petite Bourse Parisienne, rue Richelieu, 77.
Recette Commerciale, rue de la Victoire, 94.
Réunion Mobilière et Immobilière, rue de Château-
   dun, 2.
Simondet et Cie, quai de Gèvres, 8.

Société Alsacienne de Banque, rue de Provence, 56.

Société des Banquiers de France, r. Louis-le-Grand, 9.

Société Centrale de Crédit et d'Encouragement à l'Agriculture, rue du Conservatoire, 11.

Société Française et Belge de Banque et d'Escompte avenue de l'Opéra, 33.

Société Française de Banque et Commission, rue Drouot, 15.

Société Française de Reports et Dépôts, rue Louis-le-Grand, 9.

Société Française des Valeurs d'Assurance, place de la Bourse, 12.

Société Générale des Actionnaires, rue de la Grange-Batelière, 14.

Société Générale d'Algérie, rue Richelieu, 41.

Société Générale Alsacienne, rue de Provence, 56.

Société Générale I. R. P. du Crédit Foncier d'Autriche, place Vendôme, 16.

Société Mobilière de Crédit, place de la Bourse 1 et 3.

Sous-Comptoir du Commerce et de l'Industrie, rue du Louvre, 44.

Sous-Comptoir de Paris, rue Taitbout, 49.

Syndicat d'Échange en marchandises, rue des Petites-Écuries, 36.

Syndicat Industriel, rue Taitbout, 59.

L'Union des Garçons de Caisse, passage Saulnier, 9.

Union Syndicale des Porteurs de Titres, rue Saint-
Lazare, 65.
Universal Commercial Bank, rue Maubeuge, 40.

(Extrait du Didot-Bottin.)

BANQUIERS

Abaroa et Cie, boulevard Haussmann, 82.

Abaunza (Ch. de), boulevard Montmartre, 19.

Abraham (E.), r. St-Denis, 182, et r. Réaumur, 39.

Aguiar (G^{me} Pinto d'), rue d'Hauteville, 15.

Allard (J.) et Cie, place de la Bourse, 12.

Altmann (Simond), rue Bergère, 33.

Altmann frères, rue Lafayette, 46.

Amerongen (Van) et Cie, boulevard Magenta, 46.

Amilhon, faubourg Poissonnière, 27.

Andigné (G. d'), rue Mazarine, 5.

André, ✳, Girod (C.), ✳ et Cie, rue Lafayette, 31.

Ardoin, Ricardo et Cie, rue Joubert, 3.

Arnaudet et Cie, rue Monsieur-le-Prince, 44.

Arqué (P.), rue Feydeau, 26.

Arthur John et Cie, ancienne maison (**L. Roche-Sautier** successeur), rue Castiglione, 10.

Artola (de) hermanos, rue de l'Échiquier, 27.

Astruc (Georges) et Cie, rue du Helder, 12.

Astruc (Ve Henry), Dorsan Astruc et Cie, rue de la Victoire, 31.

Astruc (T.) et fils, rue Lafayette, 59.

Atger (Raoul), avenue Daumesnil, 12.

Aubeaud (E.), faubourg Saint-Honoré, 62.

Audenet fils, faubourg Poissonnière, 57.

Auffm Ordt (C. A.) et Cⁱᵉ, rue Drouot, 25.

Auvray, rue de la Victoire, 54.

Ayulo (Enrique) et Cⁱᵉ, rue de la Pépinière, 7.

Badel frères et Cⁱᵉ, rue Rossini, 3.

Ballin (F. S.) et Cᵒ, (Grunebaum frères et Cᵒ, success.) boulevard Haussmann, 28.

Banque de l'Économie Française, r. Hippolyte-Lebas, 1.

Banque d'Échange de Marchandises, rue Lafayette, 44.

Banque des Fonds Publics et des Valeurs Industrielles, rue du Quatre-Septembre, 16.

Banque Métropolitaine, place des Victoires, 10.

Banque Populaire de Montparnasse, rue du Port-Mahon, 10.

Banque de Prêts Hypothécaires, rue Beaurepaire, 18.

Bardach (G.) et Cⁱᵉ, rue de la Chaussée-d'Antin, 50.

Barreau, Ragonot et Cⁱᵉ, quai de la Rapée, 12.

Bassano (Alexandre), rue de Provence, 11.

Batiste (E.) et A. Rousselle, rue Laffitte, 27.

Bazerque, avenue de Versailles, 152.

Beetz (André), rue Laffitte, 3.

Belloc et Cⁱᵉ, rue de Courcelles, 78.

Belmann frères, rue Taitbout, 34.

Belon (E.), boulevard Barbès, 18.

Bénard et Jarilowsky, rue Grange-Batelière, 13.

Bergon (Frédéric), Danneel (Ch.) et Cⁱᵉ, successeurs, rue Rougemont, 3.

Berringer, rue Feydeau, 24.
Berry, rue Maubeuge, 73.
Berry (Léon), rue Rambuteau, 57.
Berthoud (L.) et Cⁱᵉ, rue Richer, 15.
Bertrand (A.), rue de Rivoli, 40 *bis*.
Beyne (J. E.), rue du Faubourg-Montmartre, 15.
Billard (L. Isaac), rue de Provence, 3.
Birié et Bloch, rue des Petites-Écuries, 46.
Bizot (Pierre), rue des Filles-Saint-Thomas, 5.
Bloch frères (S. et M.), boulevard de Strasbourg, 26.
Block, rue des Fossés-Saint-Jacques, 11.
Blocq frères et fils, rue Taitbout, 27.
Blot (A.), cité Rougemont, 6.
Blum (E.), rue Laffitte, 40.
Blum, rue de Provence, 40.
Blum (Sylvain), faubourg Montmartre, 30.
Bordier (A.) et fils, rue de Belleville, 224.
Bosch (Yvo), boulevard des Italiens, 6.
Bouillerie (A. de la), rue de la Victoire, 61.
Bourgeois (Jules), rue du Quatre-Septembre, 12.
Bousrez (F.), rue Francklin, *à Saint-Denis*, Seine.
Brémontier, boulevard Bonne-Nouvelle, 10.
Brocard (F.), rue Drouot, 5.
Brocheton (Léonardo), rue Le Peletier, 49.
Bruaux (Augustin), rue Taitbout, 24.
Brunswick-Lhérie et Cⁱᵉ, rue Grange-Batelière, 16.
Buffard, rue Drouot, 19.

Buot (**E.**), rue Joubert, 10.
Cahen (**L. et R.**) d'Anvers et Cie, rue Cambon, 49.
Cahen (**O.**), place de la Bourse, 11.
Cahn (**H.**) et Cie, boulevard Bonne-Nouvelle, 34, et rue Hauteville, 1.
Caisse de Batignolles, rue des Batignolles, 54.
Caisse Commerciale de Paris, boul. Poissonnière, 23.
Caisse Générale d'Épargne et de Crédit, rue et place Lafayette, 116 et 118.
Caisse Générale des Obligataires, r. Saint-Lazare, 65.
Caisse de l'Hôtel de Ville, rue de Rivoli, 15.
Caisse des Invalides de la Marine, rue Cambon, 5.
Caisse Jarcy, rue de Richelieu, 92.
Caisse Lemaire, place Vendôme, 16.
Calderon (**Th.**), rue Casimir-Delavigne, 6, et rue de l'Odéon, 15.
Camondo (**I.**) et Cie, rue Lafayette, 31.
Candellé (**V^e**), boulevard Richard-Lenoir, 5.
Cano (**C.**) et Cie, rue d'Enghien, 36.
Carlin (**J.**) et Cie, rue Vivienne, 22.
Carpentier (**A.**), rue Laffitte, 36.
Carpentier (**Ch.**), rue de Rivoli, 96.
Cattani (**J. M.**) fils et Cie, rue Richelieu, 92.
Cavaillon (**C.**), rue Richelieu, 92.
Charmolu (**A.**) et Cie, rue Taitbout, 44.
Charrier, rue Laffitte, 9.
Charrier et Thierrée, rue Le Peletier, 23.

Chaskin, rue Saint-Honoré, 248.
Chatelain et Cⁱᵉ, rue Vivienne, 45.
Chaumelle (C.), rue de Bellefond, 37.
Chaumier (A.) et Cⁱᵉ, rue Vivienne, 51.
Circaud (Edgard), rue de la Monnaie, 19.
Claude-Lafontaine, Martinet et Cⁱᵉ, rue de Trévise, 32.
Clertant (Alphonse), rue de la Ferronnerie, 29.
Cohen, rue de Trévise, 45.
Colaço Osorio (D.), rue de la Banque, 15.
Collin (V.), rue Feydeau, 28.
Comptoir Commercial, rue d'Enghien, 24.
Comptoir Financier du Nord, boul. Denain, 3.
Comptoir Mobilier, quai de Gèvres, 8.
Comptoir Parisien, faubourg Montmartre, 41.
Comptoir des Paiements pour la banlieue de Paris et
    et la Province, rue Amelot, 2, et boul. Richard-
    Lenoir, 5.
Comptoir de la Villette, rue d'Allemagne, 160.
Condette, rue Saint-Augustin, 5.
Copinet et Cⁱᵉ, rue Le Peletier, 51.
Corel (Léopold), rue Richelieu, 82 et 84.
Corono, rue Monceau, 66.
Coumans et Laguerre, rue Saint-Marc, 7.
Crédit Général Français, rue Le Peletier, 16.
Crédit des Halles Centrales, rue des Halles, 20.
Crédit Lyonnais, boul. des Italiens, 19.
Cuinat (E.), rue Saint-Antoine, 234.

Da Motta, rue de Grammont, 3.

Danneel (Ch.) et Cⁱᵉ, rue Rougemont, 3.

D'Aquin, rue du Cherche-Midi, 33.

Darmoy (J.), rue Saint-Augustin, 22.

Davillier (M.), rue du Quatre-Septembre, 12.

Dayez et Hirsch, rue Laffitte, 22.

De Baecque et Beau, faubourg Poissonnière, 9.

Decourdemanche, rue Laugier, 92.

De Billy, rue Denfert-Rochereau, 100.

Dehaynin (Gabriel), faub. St-Honoré, et r. Duras, 4.

De Laloge, rue Rossini, 18.

Delamotte, Bénilan et Cⁱᵉ, rue des Petites-Écuries, 56.

Delcroix-Loiseau, boulevard de Strasbourg, 26.

Delcroix-Loiseau et Cⁱᵉ, rue Bergère, 25.

Delisle (F.) et Cⁱᵉ, rue d'Abbeville, 6.

Delore (E.), rue de la Boëtie, 33.

Demachy (R.) et F. Seillière, rue de Provence, 58.

Desclercs (Félicien), rue de la Grange-Batelière, 13.
 succursale : rue Lepic, 18.

D'Escrivan, boulevard Saint-Germain, 120.

Deslauriers (A.), faubourg Montmartre, 61.

Desmarest, Ducoing et Cⁱᵉ, rue de Provence, 46.

Detenre (Élie) et Cⁱᵉ, rue de Châteaudun, 2.

Doniau, place de la Bourse, 11.

Donon, Aubry, Gautier et Cⁱᵉ, *bureaux :* rue Louis-le-Grand, 17; *caisse :* avenue de l'Opéra, 38.

Dosseur (Raymond), rue de Lille, 5.

Drexel, Harjes et Cʳ, boulevard Haussmann, 31.
Dreydel (Léopold), rue Monceau, 83.
Dreyfus, Kann et Cⁱᵉ, rue Saint-Augustin, 41.
Dreyfus (Y.) frères et Cⁱᵉ, rue des Pyramides, 9.
Dreyfus frères et Cⁱᵉ, avenue de l'Opéra, 19.
Dreyfus (Lucien), avenue Hoche, 2.
Dreyfus (H. N.), rue Maubeuge, 9 *bis*.
Dreyfus (Louis) et Cⁱᵉ, avenue de l'Opéra, 11.
Duchesne, (Édouard), rue de Provence, 3.
Dupau (G.), faubourg Montmartre, 53.
Dupon (J.), rue Laffitte, 3.
Durand (Joseph et Gustave), rue de Rivoli, 5.
Durand, rue de la Monnaie, 19.
Duvivier et Cⁱᵉ, rue Bergère, 30.
Élias frères, rue Le Peletier, 21.
Ellissen (Alexandre), boul. Haussmann, 41.
Elu (Alphonse) et Cⁱᵉ, rue Richelieu, 97.
Ephrussi et Porgès, boulevard Haussmann, 11 *bis*.
Ephrussi (M.) et Cⁱᵉ, rue de l'Arcade, 45.
Erlanger (Émile) et Cⁱᵉ, rue Taitbout, 20.
Ervoid, rue Tilsitt, 5.
Escrivan (d') et Cⁱᵉ, rue de Nesles, 8.
Esselin (Aug.), rue Fabert, 22.
Ettinghausen jeune, boulevard Sébastopold, 133.
Evrard et Cⁱᵉ, rue Le Peletier, 21.
Fafournoux, rue de Rivoli, 15. et rue Turbigo, 42.
Fantauzzi (Crucien), rue Lafayette, 62.

Favre et Cie, rue Vivienne, 51.

Flûry-Hérard (P.), rue Saint-Honoré, 372.

Fossé (J.), boulevard Poissonnière, 24.

Fossion et Bottin, rue Richer, 24.

Fouchet et Cie, faubourg Poissonnière, 7.

Fouquet (J.), passage Saulnier, 9.

Fourcade (Henry et Fernand), rue Amelot, 138.

Franco-Continental, rue Drouot, 19.

Frémond-Mustel, rue Bertin-Poirée, 14.

Friedlaender (Paul), boulevard Bonne-Nouvelle, 21.

Froussard et Cie, boulevard Poissonnière, 15.

Gadala-Saint-André (J.) et Cie, boul. Sébastopol, 26.

Gaillard (Émile), rue de Provence, 59.

Gaillard (Jules), rue Notre-Dame-des-Victoires, 42.

Gallas, boulevard de Strasbourg, 58.

Gallet (Victor) et Cie, rue de Provence, 66.

Garrigues (H.), rue de Grammont, 26.

Gautier (Émile), boulevard Bourdon, 39 *bis*.

Gautreau et Cie, rue Caumartin, 18.

Gay (J.), Rostand et Cie, avenue de l'Opéra, 18.

Gaytte fils et Duluard, boulevard Saint-Germain, 21.
  succursale : rue de Dijon, 1 (quai de Bercy).

Gentil (L.), rue Rougemont, 12.

Gex (F.), faubourg Saint-Honoré, 131.

Gil (P.), boulevard des Capucines, 6.

Gillet fils aîné (Gallien et Cie, successeurs), quai de
  Béthune, 18.

Girard (G.) et Cⁱᵉ, rue d'Uzès, 8.
Giraud (Jules) et Cⁱᵉ, rue Laffitte, 45.
Glarner et Pache, rue Étienne-Marcel, 42.
Goëtz, rue de Lisbonne, 53.
Goguel (C.) et Cⁱᵉ, rue Le Peletier, 14.
Goldschmid (Eugène), rue Richelieu, 112.
Goldschmidt (Alexandre de), rue de la Victoire, 65.
Goldschmidt (F.), place Malesherbes, 15.
Golschid, rue Logelbach, 3.
Gombault (C. E. A. L.), boulevard Montparnasse, 57.
Goodson et Cⁱᵉ, rue Notre-Dame-des-Victoires, 44.
Gorgeu (Julien), rue de Provence, 60.
Gosselin (Ch.), place de la Bourse, 10.
Goudchaux et Cⁱᵉ, rue de la Banque, 16.
Gout (Jules) et Cⁱᵉ, rue Saint-Georges, 38.
Goutagny et Gresse, rue Baudin, 19.
Grandamy, rue Rossini, 8.
Grandjean (Félix), rue de la Chaussée-d'Antin, 10.
Gravel, rue d'Anjou, 7.
Grenier (S.) et Cⁱᵉ, rue de Grammont, 17.
Grison (P.) et fils, place de la Bourse, 7.
Grunebaum frères et Cⁱᵉ, boulevard Haussmann, 28.
Guet et Cⁱᵉ, rue Halévy, 4.
Guffroy (A.), rue Le Peletier, 22.
Guinde (J.), rue Dauphine, 30.
Gunzburg (J. E.), rue Saint-Georges, 1.
Guzel (Pierre), rue Grange-Batelière, 26.

Hakim (A.), Issaverdens et Cⁱᵉ, rue Saint-Marc, 3o.
Halfon et Cⁱᵉ, rue de Châteaudun, 12.
Halphen (G. M.), rue Drouot, 18.
Hanssens, rue du Commandant Rivière, 3.
Harding (Gustave Palmer), Chaussée-d'Antin, 15.
Harendfeld, rue de Tilsitt, 16.
Hava, rue Blanche, 41.
Heine et Cⁱᵉ, rue Bergère, 22.
Heller (M.), rue Lafayette, 45.
Hentsch frères et Cⁱᵉ, rue Le Peletier, 20.
Herla (C.) et Cⁱᵉ, rue de Trévise, 35.
Hirsch (Louis), rue Richelieu, 99.
Hoffmann (H. M.) et Cⁱᵉ, rue Taibout, 13.
Hollander (J.) et Cⁱᵉ, rue de Provence, 8.
Hornecker, rue Montmartre, 13.
Hostier (E.) et Cⁱᵉ, boulevard Haussmann, 39.
Hottinguer et Cⁱᵉ, rue de Provence, 38.
Hubert frères, rue Choiseul, 14.
Hüffer (L.) et Cⁱᵉ, rue de Londres, 15.
Jacot (Georges), boulevard Magenta, 2.
Jacquier (A.), rue Béranger, 12.
Jarcy et Cⁱᵉ, rue Richelieu, 92.
Jolivet (G.), rue de Rivoli, 67.
Jonas (G.), rue Richer, 52.
Jordaan, Cohen et Wennink, boul. des Italiens, 23.
Jouanneau, rue de Marignan, 17.
Jouanno (C.) et Cⁱᵉ, rue Richelieu, 59.

Journel (B.) et Cⁱᵉ, rue Bergère, 28.
Jumel (Alphonse) et Cⁱᵉ, rue Montmartre, 146.
Kahn (Sigismond), rue d'Enghien, 21.
Kinen (Vᵉ) et Cⁱᵉ, rue de Grammont, 28.
Klarhofer (Otto), rue Cadet, 1.
Klemperer (M.), rue Richelieu, 104.
Kohn, Reinach et Cⁱᵉ, rue de la Bourse, 4.
Kœnigswarter (Léopold J.) et Cⁱᵉ, Chaussée-d'Antin, 47.
Labbé (A.), boulevard des Batignolles, 52.
Lagrange frères, rue de Châteaudun, 2.
Lambert (A.) et Cⁱᵉ, rue de Choiseul, 14.
Lampérière (Ch.) et Cⁱᵉ, rue Blanche, 40.
Landry, Néauber et Cⁱᵉ, rue Rougemont, 4.
Lanquine (François) et Cⁱᵉ (les fils de), rue Richer, 34.
Lantelme (L.) et Cⁱᵉ, rue Rossini, 3,
Lapille (A.), Bourse, 3.
Laplagne et Lefebvre, rue Beaujolais, 9.
Laporte et Copin, rue Feydeau, 26.
Lazard (Hermann), rue Pigalle, 34.
Lazard frères et Cⁱᵉ, boulevard Poissonnière, 17.
Lechat, boulevard Malesherbes, 85.
Lécuyer et Cⁱᵉ, rue de la Banque, 17.
Léger et Cⁱᵉ, boulevard Saint-Denis, 13.
Legrand (Émile) et Cⁱᵉ, rue Réaumur, 49.
Lehideux et Cⁱᵉ, rue Drouot, 3.
Lehmann (S.), rue d'Hauteville, 38.
Lelarge (Maurice), rue de la Bourse, 4.

Lenz (E.) boulevard Haussmann, 42.
Leroy-Dupré, faubourg Saint-Antoine, 74.
Leullier (J.), rue Sainte-Anne, 46.
Lévy, avenue des Champs-Élysées, 67.
Lévy (Léon), rue Montmartre, 178, et boulevard
  Poissonnière, 29.
Lévy (Mark) et Cie, rue Saint-Marc, 16.
Lévy (Émile), rue de Phalsbourg, 7.
Lherbette, Khane et Cie, rue Scribe, 19.
Lienhard, rue Richer, 46.
Ligandière (P. de), Jamain et Cie, rue Cadet, 9.
Lion (A. L.), rue de La Michodière, 6.
Lizard et Cie, rue Vivienne, 51.
Loisel et Turquel, rue Beaurepaire, 18.
Lutscher (A.), rue La Bruyère, 43.
Lyon-Alemand (Comptoir), rue Montmorency, 13.
Mallet frères et Cie, rue d'Anjou, 37.
Malzac (Henri), avenue des Ternes, 63.
Mang frères et Cie, rue Turenne, 106.
Manheimer et Morin, rue Rossini, 3.
Marcel (V.) et J. Remondon, boulevard Denain, 5.
Marcel (V.), place du Havre, 15.
Marchand (P.), boulevard Beaumarchais, 2.
Marco del Pont (Ventura), rue de Milan, 11.
Marcuard, Krauss et Cie, rue de Provence, 29.
Marié, boulevard Denain, 5.

Marion et Millet (E. Osvald, successeur), boulevard
Saint-Denis, 16.

Marks (Alex.), rue Meslay, 1.

Marque, Verrière et Cⁱᵉ, rue Montmartre, 127.

Martinet (Paul), boulevard Sébastopol, 6.

Massenet, boulevard des Italiens, 34.

Mathieu, Chazeret et Cⁱᵉ, boulevard Sébastopol, 52.

Mayer (A.), rue Sainte-Anne, 46.

Mayer (W.), rue des Petits-Champs, 105, et place
Vendôme, 28.

Mazure et Cⁱᵉ, rue Saint-Marc, 17.

Meiffredy et Cⁱᵉ, rue Bergère, 21.

Merceron et Cⁱᵉ, rue Blanche, 3.

Michel (Georges), rue d'Aboukir, 85.

Michel (Henri), avenue Kléber, 91.

Mirabaud, avenue de Villiers, 44.

Mirabaud-Paccard, Puerari et Cⁱᵉ, rue Taitbout, 29.

Moitessier neveu et Cⁱᵉ, rue du Louvre, 6.

Monterossi (C. A.) et Cⁱᵉ, rue Cretet, 3.

Montés (Émile), rue Claude-Bernard, 23.

Moreau, rue de Monceau, 7.

Morin, rue de Fleurus, 2.

Mounier (F.), boulevard des Invalides, 44.

Munroe et Cⁱᵉ, rue Scribe, 7.

Naud (E.) et Cⁱᵉ, rue Mogador prolongée, 4 (place de
la Trinité).

Néel (A.) et Cⁱᵉ, rue des Martyrs, 2.

Neufeld (M.), rue de Choiseul, 27.

Neufville (Sébastien de) et fils, rue Halévy, 5.

Neymarck (Alfred), rue Saint-Augustin, 33.

Nicaise (A.) et Cie (ancienne maison E. Denis et Cie), rue Le Peletier, 33.

Nicolopulo frères et Cie, rue Richelieu, 83.

Noël (Charles) et Cie, faubourg Poissonnière, 9.

Oberndoerffer (Hugo), avenue de Messine, 30.

Offroy et Cie, faubourg Poissonnière, 60.

Oppenheim, Alberti et Cie, boul. Haussmann, 11 *bis*.

Oppenheim (P. M.), rue Taitbout, 11.

Osvald (E.), successeur de Marion et Millet, boulevard Saint-Denis, 16.

Parazon, faubourg Montmartre, 17.

Parenthou (E.), rue Richer, 46.

Paschal-Fourville et Cie, boulevard Voltaire, 26.

Pasquier (A.), rue Saint-Lazare, 117.

Passaquay, rue Le Peletier, 24.

Pau et Cie, rue Montmartre, 146.

Pavart (Jules), rue de Bellay, 7.

Pellet et Rehse, faubourg Poissonnière, 68.

Pereyra (E.), rue de Châteaudun, 9.

Périer frères et Cie, rue de Provence, 59.

Piantet, Caire, 51.

Picq frères (Frédéric Picq, success.), boul. Magenta, 15.

Pilliot (A.), rue Grange-Batelière, 14.

Pillois (Ch.) et fils, boulevard Sébastopol, 107.

Poilloux, boulevard Saint-Michel, 32.

Polès (Emmanuel), rue Cadet, 18.

Poncelin, Bernhard et Cⁱᵉ, boulevard Sébastopol, 34.

Potier (L.), rue Paul-Lelong, 13.

Power (Alfred), rue Rossini, 1.

Pralon frères et Cⁱᵉ, successeurs de **François Durand et Cⁱᵉ**, rue des Mathurins, 3.

Premsel (B.), rue de la Victoire, 56.

Provot et fils, rue Sainte-Cécile, 10.

Raffalovich (Hermann), avenue Hoche, 19.

Raffallowictsch, Courcelles, 43.

Rajois (A.), faubourg Saint-Antoine, 60.

Ranvier (C.) et Cⁱᵉ, avenue de la République, 13.

Raphael et Cⁱᵉ, rue de Châteaudun, 35.

Rappeport, Chanlaire et Cⁱᵉ, rue Rossini, 10.

Raschowitz (M.), rue Grange-Batelière, 24.

Recette Commerciale, rue de la Victoire, 94.

Réjou et Cⁱᵉ, rue Le Peletier, 9.

Renard frères et Cⁱᵉ, rue Grange-Batelière, 10.

Renault (Jules), boulevard du Temple, 15.

Ressignier fils et Cⁱᵉ, rue de Bercy, 133.

Reverchon et Batelier, rue du Louvre, 17.

Ribon, Castro et Cⁱᵉ, rue de Grammont, 25.

Richard, rue Grange-Batelière, 8.

Rigoulot (A.), rue Le Peletier, 47.

Rochat (Louis), rue Richelieu, 82 et 84.

Rochet (A.), F. Boursier et Cⁱᵉ, rue Richer, 49.

Rodrigue, avenue Hoche, 82.

Rophé (Alcide), rue Richelieu, 104.

Rosset-Leroy, Saint-Honoré, 90.

Rostand (Jules), avenue de l'Opéra, 18.

Rotschild frères, rue Laffitte, 21.

Rottembourg et Cie, boulevard Saint-Germain, 49.

Rousseau Olivier et Cie, success. de Rousseau (Honoré), rue Richer, 26.

Rousset (P.) et Cie, rue de la Victoire, 71.

Rouville (de), rue Beaurepaire, 32.

Roy et fils, rue Montholon, 32.

Sacquin et Mervoyer, rue Lafayette, 33.

Salzedo (Paul), rue de Provence, 63.

Samper (R.) et Cie, rue d'Hauteville, 26.

Samuel (E.) et Cie, rue Taitbout, 34.

Sandoz jeune, boulevard Voltaire, 92.

Santos (Ed.) et Cie, rue de Provence, 46.

Sarter (baron St. de), boulevard des Italiens, 9.

Sasle (Aug.), rue Sainte-Anne, 53.

Schwartz (H.), rue La Vrillière, 4.

Sée (Ld.) fils, C. et Cie, r. du Conservatoire, 11.

Seligman frères et Cie, boulevard Haussmann, 33.

Sennegond et Cie, faubourg Montmartre, 53.

Seray, Ducourau et Cie, rue Richelieu, 108.

Séve et Cie, rue de Provence, 56.

Sevrin, rue Grange-Batelière, 13.

Sevrin, rue de Montyon, 11.

Siegfried (Jacques), rue de Choiseul, 1.

Simon, cité Rougemont, 3.

Sinnatt et Cie, rue de Provence, 52.

Société Financière de Banque et de Commission, rue de Rivoli, 33.

Société Générale de Commerce, rue du Louvre, 9.

Société Française du Mercurium Véritas International, rue Drouot, 16.

Sommer (Maurice), rue Richer, 46.

Sossa (A.) et Cie, rue de Provence, 16.

Sourdis et Cie, faubourg Saint-Honoré, 43.

Speller et Cie, rue d'Hauteville, 54.

Spronk, Émile Fosse et Cie, boulevard Sébastopol, 88.

Steindecker, rue Lafayette, 46.

Stern (S.), avenue des Champs-Élysées, 67.

Stern (A. J.), et Cie, rue de Châteaudun, 58.

Sulzbach (M. S.) et Cie, rue Chauchat, 4.

Tessié (G.), boulevard Sébastopol, 76.

Thélier et Henrotte, rue Chauchat, 20.

Thiesset, Feiss, Bauby et Cie, rue d'Enghien, 24.

Thomas (F.), Charles La Chambre et Cie, rue Boissy-d'Anglas, 6.

Thomas jeune, rue Mandar, 19.

Thomasset frères, boulevard Voltaire, 78.

Tiercy et Cornet, boulevard de Strasbourg, 21.

Tissier et Cie, boulevard de Strasbourg, 37.

Tissier (J.) et Cie, rue des Petites-Écuries, 17.

Tissot (**L.**), rue Laffitte, 3o.

Tossizza (**M. et A.**), rue de l'Echelle, 8.

Tournal (**A.**), rue Rossini, 8.

Tourret, **Coard** et Cⁱᵒ, rue Drouot, 25.

Traub (**A.**) et **Malleval**, cité Trévise, 6.

Truchon (**O.**), boulevard de Strasbourg, 37.

Turquel et **Loisel**, rue Beaurepaire, 18.

Vambreuse, **Ramault** et Cⁱᵒ, rue Geoffroy-Marie, 3.

Venables (**Alfred**), rue du Quatre-Septembre, 24.

Vengohechea (**M.**) et Cⁱᵒ, rue d'Hauteville, 3.

Vergaud et Cⁱᵒ, rue de Rennes, 148 *bis*.

Vernes et Cⁱᵒ, rue Taitbout, 29.

Verrière (**Auguste**), rue Montmartre, 127.

Vilaret (**L.**) et Cⁱᵒ, rue Turbigo, 36.

Villaux aîné et Cⁱᵒ, rue Drouot, 7.

Visme (**Ed. de**), rue Turbigo, 3.

Visseau, rue des Saints-Pères, 76 *bis*.

Weisweiller (**Charles**), rue Lafayette, 36.

Worms, rue Richer, 10 et 12.

Wolf, **Rubin** et Cⁱᵒ, rue Laffitte, 37.

Worms (**Justin**), **Alphen, Dauphin** et Cⁱᵒ, rue Montmartre, 149.

Worms, **Josse** et Cⁱᵒ, boulevard Haussmann, 45.

Ybanez, **Vega** (**P.**), rue de Londres, 10.

NOTES

NOTES

COULISSIERS EN VALEURS

Aghion (Jules), rue Marsollier, 8.

Avice et Gras, rue Ménars, 4.

Bardac (N. J. et S.), rue de Provence, 43.

Bellmann frères, rue Taitbout, 34.

Berend, Hefter et Cie, rue Richer, 50.

Bertrand (Hy.) et Haarbleicher (Ch.), faubourg Montmartre, 52.

Bloch (David), rue de Trévise, 37.

Bloch (Félix) et Cie, rue Laffitte, 39.

Bloch, Nunès et de la Piedra, rue Le Peletier, 22.

Blondeau (P.) et Cie, rue de Hanovre, 6.

Carey (Charles), rue Taitbout, 2.

Collet (Et.) et Blondel (J.), rue Ménars, 8.

Castelbolognesi del Porto et Cie, rue de Choiseul, 22.

Dansaert et **Lœwenstein**, rue Laffitte, 11.

Delatour (A.) et **Fisch (J.)**, rue de Choiseul, 22.

Denis (H.) et Cie, rue Sainte-Anne, 58 *bis*.

Desfossés (Victor), rue Vivienne, 31.

Dreyfus (Gaston), rue Lafayette, 13.

Emden (Louis) et Cie, rue Rossini, 4.

Escuyer (J.), rue de la Banque, 16.

Finaly et Cie, rue de Grammont, 16.

Fleck, Sussmann et Cie, boulevard des Italiens, 24.

Fol (John), rue Saint-Augustin, 22.

Franck, Wolfson et Cie, rue Saint-Marc, 21.

Furth et **Lust**, rue de Châteaudun, 41 *bis*.

Gallet (V.) et Cie, rue de Provence, 66.

Gerson, Vivante et Cie, rue Chauchat, 23.

Gilliard, Rheims, Fray et Cie, rue du Quatre-Septembre, 22.

Girard (A.) et Cie, rue des Petits-Champs, 36.

Grevedon (H.), rue Saint-Augustin, 11.

Grunbaum (Léon) et Cie, rue Bergère, 28.

Gutmann, Weiss et Cie, rue du Quatre-Septembre, 20.

Hachenbourg (Hermann), rue Vivienne, 51.

Hakim, Isaverdens et Cie, rue Saint-Marc, 30.

Hannebique (Emmanuel), rue Chaussée-d'Antin, 12.

Homberger, Weinstein et Cie, rue de la Bourse, 1.

Jean (A.) et Cie, rue Louis-le-Grand, 9.

Julien, Dreyfus et Cie, rue Le Peletier, 31.

Kahn, Simon et Cie, rue Taitbout, 41.

Kirchberg frères, rue Le Peletier, 31.

Lange (A) et Teutsch (S.), rue Chauchat, 9.

Lavastre (G.) et Neuhaus (T.), rue Lafayette, 37.

Lebel (A.), rue de Provence, 62.

Le Bienvenu (E.) et Cie, rue de la Bourse, 3.

Le Dru, Heintz et Ozanne, rue Notre-Dame-des-Victoires, 42.

Lehmann et Cohen, rue Taitbout, 13.

Lener (O.), rue de Provence, 59.

Léon (N. et E.), rue Chauchat, 4.

Leroy (H.) et Cie, rue Gaillon, 8.

Lerville (R. L.) et Cie, rue de Grammont, 26.

Leubsdorf (S.), rue de Provence, 1.

Lévi (Edmond), rue Grange-Batelière, 28.

Luc (A.) et Cie, rue Chauchat, 4.

Lusson (J.) et Cie, rue Grange-Batelière, 16.

Mac Swiney (V.) et Cie, rue Louis-le-Grand, 3.

Marc Léon et Cie, rue Le Peletier, 36.

Marx (A.) et Cie, rue de Provence, 46.

Mayer (Jules) et Cie, rue Louis-le-Grand, 9.

Malançon (L.) et Cie, rue de la Victoire, 54.

Mélendès (Fernand), rue de Provence, 5.

Michaut (V.) et Cie, rue Saint-Lazare, 13.

Michel Lévy (L.) et L. Justin, rue Drouot, 27.

Mirtil (Eugène), rue de Châteaudun, 5.

Monteaux fils (Ch.) et Cie, boulevard Montmartre, 15.

Monteaux (Les Fils de V.), galerie Montpensier, 79, 80.

Morel (Ernest), rue Notre-Dame-des-Victoires, 7.

Muller et Goldschmidt, rue de Provence, 1.

Nahmias (Albert) et Cie, rue Rossini, 1.

Nathan (David), rue Le Peletier, 44.

Oppenheim et Pinto, rue de la Banque, 20.

Oudin (Alfred), rue Louis-le-Grand, 9.

Paret (Georges), rue de la Victoire, 73.

Pau et Cie, rue Montmartre, 146.

Penha (M. et I. de la), rue de la Victoire, 28.

Pohl (H.) et Schnapper (S.), rue Le Peletier, 35.

Papeterie **ALFRED ALEXANDRE**, 22, rue Le Peletier.

Polack (A.), rue Laffitte, 43.

Quantin (F.) et Cie, rue Notre-Dame-des-Victoires, 44.

Robert-Colomby (Émile), rue Richer, 33.

Rosenfeld (Louis), rue Sainte-Anne, 57.

Rotival (T.) et Cie, rue Le Peletier, 30.

Rozey (Georges), rue Laffitte, 1.

Sacilly, Sechiari et Cie, place de la Bourse, 4.

Schames (Louis), rue Richer, 43.

Schuhmann (Henry) et Cie, rue de la Victoire, 56.

Sinano (V.) et Cie, rue du Quatre-Septembre, 6 *bis*.

Stern frères et Cie, rue Le Peletier, 24.

Thierrée (A.) et Cie, rue Saint-Augustin, 5.

Thurneyssen, van Brock et Cie, rue Geoffroy-Marie, 6.

Welfling (S. A.), rue Monsigny, 15.

Wimphen et Cie, rue de Provence, 23.

Wolff (Jacques), rue de Maubeuge, 6.

NOTES

NOTES

COULISSIERS EN RENTES

Aghion (Jules), rue Marsollier, 8.

Audousset (J.) et Cⁱᵉ, rue Grange-Batelière, 16.

Authiat, rue Grange-Batelière, 13.

Avice et Gras, rue Ménars, 4.

Baillot (Alexis), rue Le Peletier, 25.

Baillot (Félix), rue Saint-Georges, 43.

Barbe (A.), rue des Jeûneurs, 31.

Barbusse, rue Cadet, 10.

Bloch (David), rue de Trévise, 37.

Bloch (Félix) et Cⁱᵉ, rue Laffitte, 39.

Bloch, Nunès & de la Piedra, rue Le Peletier, 22.

Blondeau (P.) et Cⁱᵉ, rue du Hanovre, 6.

Bonnin et Cⁱᵉ, rue Grange-Batelière, 16.

Bontemps, place Boïeldieu, 1.

Bornert, rue Lafayette, 39.

Braconnier (Jules), rue Chaptal, 3o.

Brandt (P.), place de la Bourse, 8.

Brocard (F. M.), rue Drouot, 5.

Castro (Charles), avenue Trudaine, 26.

Cerf (Émile), rue Saint-Lazare, 53 *bis*.

Chabert (V.) et Bernadac (C.), rue du Hanovre, 6.

Collet (Et.) et Blondel (J.), rue Ménars, 8.

Coumans et Laguerre, rue Saint-Marc, 7.

D'Abzac (F.) et Cⁱᵉ, rue Montyon, 11.

Dacosta (Arthur), rue Le Peletier, 26.

Dansaert et Lœwenstein, rue Laffitte, 11.

Delatour (Georges), rue Maubeuge, 98.

Denis (H.) et Cⁱᵉ, rue Sainte-Anne, 58 *bis*.

Estribaud (d' P. N.), rue Tronchet, 36.

Dreyfus (Gaston), rue Lafayette, 13.

Dumont (A. G. A.), rue Notre-Dame-des-Victoires, 9.

Du Plantadis (Léon), rue de Londres, 56.

Dupond (Jules), rue Laffitte, 1.

Durand, rue Paul-Lelong, 17.

Dureau et Benoit, boulevard Pereire, 128.

Emden (Louis) et Cⁱᵉ, rue Rossini, 4.

Escuyer (J.), rue de la Banque, 16.

Evrard (A.), rue Le Peletier, 21.

Féart, rue des Panoramas, 1.

Fol (John), rue Saint-Augustin, 22.

Foy (Emmanuel) et Cⁱᵉ, rue Geoffroy-Marie, 3.

Foy (Félix) et Cⁱᵉ, rue Vivienne, 42.

Gardenty (Joseph), rue Lafayette, 58.

Gérand (E. I.), rue Grange-Batelière, 11.

Gers (P.) et Cⁱᵉ, rue Vivienne, 17.

Gerson, Vivante et Cⁱᵉ, rue Chauchat, 23.

Gillibert (P.), rue Meyerbeer, 4.

Gorgeu (J.), rue de Provence, 60.

Grenier (L. A. U.), rue Jean-Jacques-Rousseau, 14.

Grevedon (H.), rue Saint-Augustin, 11.

Grunbaum (Léon) et Cⁱᵉ, rue Bergère, 28.

Halle (Benoit) et Cⁱᵉ, rue Taitbout, 58.

Hamburger (Alᵈʳᵉ), rue Lafayette, 46.

Hirsch (Jules), rue de Trévise, 34.

Huguet (Julien), rue Drouot, 4.

Italin (E.), rue Feydeau, 26.

Jean (A.) et Cⁱᵉ, rue Louis-le-Grand, 9.

Jouron (A.) et Cⁱᵉ, rue Paul-Lelong, 13.

Kahn, Simon et Cⁱᵉ, rue Taitbout, 41.

Kaufmann (W.) et Cⁱᵉ, rue de la Victoire, 56.

Kleinmann (Adolphe), rue Lafayette, 62.

Kleinmann (Albert), rue Saint-Lazare, 61.

Lambert (A.), rue Le Peletier, 17.

Lange (A.) et Teutsch (S.), rue Chauchat, 9.

L'Antoine et Davids, rue de Hanovre, 6.

Lavastre (G.) et Neuhaus (T.), rue Lafayette, 37.

Le Balleur, rue de la Tour-d'Auvergne, 32.

Le Bienvenu (E.) et Cⁱᵉ, rue de la Bourse, 3.

Leconte (L.), rue Drouot, 19.

Léger (L. D.), rue de Châteaudun, 37.

Leré (M. E.), rue Baudin, 31.

Leroy (H.) et Cⁱᵉ, rue Gaillon, 8.

Lerville (R. L.) et Cⁱᵉ, rue de Grammont, 26.

Lévi (Edmond), rue Grange-Batelière, 28.

Lévy (A.) et Cⁱᵉ, boulevard des Italiens, 5.

Lévy (Fernand), avenue Trudaine, 17.

Luc (A.) et Cⁱᵉ, rue Chauchat, 4.

Lucinet (E.) et Cⁱᵉ, rue de Châteaudun, 5.

Lusson (J.) et Cie, rue Grange-Batelière, 16.

Marc (Léon) et Cie, rue Le Peletier, 3o.

Maisounabe (L.), rue Notre-Dame-des-Victoires, 9.

Malançon (L.) et Cie, rue de la Victoire, 54.

Mark Lévy et Cie, rue Scribe, 5.

Martin (Louis), rue de Bréa, 24.

Mayrargues (G.), rue Montholon, 34.

Meyer (F.) et Cie, place de la Bourse, 8.

Michaut (V.) et Cie, rue Saint-Lazare, 13.

Michel Lévy (L.) et L. Justin, rue Drouot, 27.

Mirtil (Eugène), rue de Châteaudun, 5.

Moireau (L.), rue de la Tour-d'Auvergne, 19.

Mondollot (J. E.), rue Laffitte, 27.

Morizot, rue de la Banque, 4.

Nonnez-Lopès (A.), rue Laffitte, 51.

Oudin (Alfred), rue Louis-le-Grand, 9.

Palley (Félix), rue Rossini, 2.

Pardo et Cⁱᵉ, rue Saint-Marc, 35.

Paret (Georges), rue de la Victoire, 73.

Plattet (G.), rue Taitbout, 41.

Prevel et Casquard, rue Mogador, 8.

Puyramaure (E.) et Cⁱᵉ, rue Rossini, 8.

Quantin (F.) et Cⁱᵉ, rue Notre-Dame-des-Victoires, 44.

Rivière (Ch.), Arnault et Cⁱᵉ, rue Rossini, 20.

Rodrigues (Albert), boulevard Haussmann, 47.

Rotival (T.) et Cⁱᵉ, rue Le Peletier, 30.

Rozey (Georges), rue Laffitte, 1.

Schuhmann (Henry) et Cⁱᵉ, rue de la Victoire, 56.

Silva (G. F.) boulevard Péreire, 104.

Sinadino (C. A.) et Cⁱᵉ, rue Montmartre, 123.

Singer (Ernest), cité d'Antin, 16.

Stouvenaut (Louis) et Cⁱᵉ, rue Richelieu, 83.

Terrasse (A.), rue de Clichy, 82.

Thierrée (A.) et Cie, rue Saint-Augustin, 5.

Thurneyssen, van Brock et Cie, rue Geoffroy-Marie, 6.

Van Den Brule (Auguste), place des Victoires, 10.

Varennes (P.), rue Laffitte, 18.

Viguié (A. F.), rue de Paradis, 39.

Vitrac et Cie, rue Godot-de-Mauroi, 24.

Willenich (Victor), rue des Moulins, 9.

Weill (Léon), rue Taitbout, 39.

Worms (Edmond), rue Richer, 10.

Worms (Théodore), rue de Châteaudun, 22.

9 782329 707266